Pina Gertenbach

Die Affen rasen durch den Wald …

Das große Lieder-Wimmelbuch

esslinger

Die Affen rasen durch den Wald

Die Affen rasen durch den Wald

Text und Melodie: Volkslied

1. Die Af - fen ra - sen durch den Wald, mal hier, mal dort ihr Ru - fen schallt. Die gan - ze Af - fen - ban - de brüllt: »Wo ist die Ko - kos - nuss, wo ist die Ko - kos - nuss, wer hat die Ko - kos - nuss ge - klaut?« »Wo ist die klaut?«

1. Die Affen rasen durch den Wald,
mal hier, mal dort ihr Rufen schallt.
Die ganze Affenbande brüllt:
»Wo ist die Kokosnuss, wo ist die Kokosnuss,
wer hat die Kokosnuss geklaut?«

2. Die Affenmama sitzt am Fluss
und angelt nach der Kokosnuss.
Die ganze Affenbande brüllt:
»Wo ist die Kokosnuss, wo ist die Kokosnuss,
wer hat die Kokosnuss geklaut?«

3. Der Affenonkel, welch ein Graus,
reißt alle Urwaldbäume aus.
Die ganze Affenbande brüllt:
»Wo ist die Kokosnuss, wo ist die Kokosnuss,
wer hat die Kokosnuss geklaut?«

4. Die Affentante kommt von fern,
sie isst die Kokosnuss so gern.
Die ganze Affenbande brüllt:
»Wo ist die Kokosnuss, wo ist die Kokosnuss,
wer hat die Kokosnuss geklaut?«

5. Der Affenmilchmann, dieser Knilch,
der wartet auf die Kokosmilch.
Die ganze Affenbande brüllt:
»Wo ist die Kokosnuss, wo ist die Kokosnuss,
wer hat die Kokosnuss geklaut?«

6. Das Affenbaby voll Genuss
hält in der Hand die Kokosnuss.
Die ganze Affenbande brüllt:
»Wo ist die Kokosnuss, wo ist die Kokosnuss,
wer hat die Kokosnuss geklaut?«

7. Die Affenoma schreit: »Hurra!
Die Kokosnuss ist wieder da!«
Die ganze Affenbande brüllt:
»Wo ist die Kokosnuss, wo ist die Kokosnuss,
wer hat die Kokosnuss geklaut?«

8. Und die Moral von der Geschicht:
Klaut keine Kokosnüsse nicht!
Weil sonst die Affenbande brüllt:
»Wo ist die Kokosnuss, wo ist die Kokosnuss,
wer hat die Kokosnuss geklaut?«

Grün, grün, grün sind alle meine Kleider

Grün, grün, grün sind alle meine Kleider

Text und Melodie: Volkslied aus Pommern

1. Grün, grün, grün sind alle meine Kleider, grün, grün, grün ist alles, was ich hab. Da-rum lieb ich al-les, was so grün ist, weil mein Schatz ein Jä-ger, Jä-ger ist.

1. Grün, grün, grün sind alle meine Kleider,
grün, grün, grün ist alles, was ich hab.
Darum lieb ich alles, was so grün ist,
weil mein Schatz ein Jäger, Jäger ist.

2. Rot, rot, rot sind alle meine Kleider,
rot, rot, rot ist alles, was ich hab.
Darum lieb ich alles, was so rot ist,
weil mein Schatz ein Reiter, Reiter ist.

3. Blau, blau, blau sind alle meine Kleider,
blau, blau, blau ist alles, was ich hab.
Darum lieb ich alles, was so blau ist,
weil mein Schatz ein Seemann, Seemann ist.

4. Schwarz, schwarz, schwarz sind alle meine Kleider,
schwarz, schwarz, schwarz ist alles, was ich hab.
Darum lieb ich alles, was so schwarz ist,
weil mein Schatz ein Schonsteinfeger ist.

5. Weiß, weiß, weiß sind alle meine Kleider,
weiß, weiß, weiß ist alles, was ich hab.
Darum lieb ich alles, was so weiß ist,
weil mein Schatz ein Bäcker, Bäcker ist.

6. Bunt, bunt, bunt sind alle meine Kleider,
bunt, bunt, bunt ist alles, was ich hab.
Darum lieb ich alles, was so bunt ist,
weil mein Schatz ein Malermeister ist.

UMKLEIDE

Meine Oma fährt im Hühnerstall Motorrad

Text und Melodie: Volkslied

(Notenzeilen mit Akkorden: G, C, G / D⁷, G, G, C / G, C, D⁷, G)

1. Mei - ne O - ma fährt im Hüh - ner - stall Mo - tor - rad, Mo - tor - rad, Mo - tor - rad. Mei - ne O - ma fährt im Hüh - ner - stall Mo - tor - rad, mei - ne O - ma ist 'ne ganz pa - ten - te Frau.

1. Meine Oma fährt im Hühnerstall Motorrad, Motorrad, Motorrad.
Meine Oma fährt im Hühnerstall Motorrad, meine Oma ist 'ne ganz patente Frau.

2. Meine Oma hat im Backenzahn ein Radio …
3. Meine Oma hat Klosettpapier mit Blümchen …
4. Meine Oma hat 'ne Brille mit Gardinen …
5. Meine Oma bäckt im Kühlschrank eine Torte …
6. Meine Oma hat 'nen Nachttopf mit Beleuchtung …
7. Meine Oma geht mit Taucherbrille duschen …
8. Meine Oma hat 'ne Glatze mit Geländer …
9. Meine Oma hat 'nen Kochtopf mit 'nem Lenkrad …
10. Meine Oma hat 'nen Goldfisch, der raucht Pfeife …
11. Meine Oma hat ein Himmelbett mit Brause …
12. Meine Oma hat 'nen Krückstock mit 'nem Rücklicht …
13. Meine Oma hat 'nen Löffel mit Propeller …
14. Meine Oma hat ein Waschbecken mit Sprungbrett …
15. Meine Oma hat 'nen Papagei mit Bluejeans …

Wer mag, schaut sich das Bild an und dichtet weiter:

Meine Oma hat ein Krokodil, das bügelt …
Meine Oma hat 'nen Affen, der fährt Fahrrad …
Meine Oma spielt Mensch-ärgere-dich-nicht mit Hühnern …
Meine Oma hat 'ne Wanduhr ohne Zeiger …

…

In einen Harung
jung und stramm

In einen Harung jung und stramm

Text und Melodie: Volkslied

1. In ei - nen Ha - rung jung und stramm, zwo, drei, vier,
Mee - res - grun - de schwamm, zwo, drei, vier,

ss - ta - ta, ti - ral - la - la, der auf dem ral - la - la, ver -

lieb - te sich, o Wun - der, 'ne ol - le Flun - der, 'ne ol - le Flun - der, ver -

lieb - te sich, o Wun - der, 'ne ol - le Flun - der.

1. In einen Harung jung und stramm,
zwo, drei, vier, ss-ta-ta, tirallala,
der auf dem Meeresgrunde schwamm,
zwo, drei, vier, ss-ta-ta, tirallala,
verliebte sich, o Wunder, 'ne olle Flunder.

2. Der Harung sprach: »Du bist verrückt,
zwo, drei, vier, ss-ta-ta, tirallala,
du bist mir viel zu platt gedrückt.
Zwo, drei, vier, ss-ta-ta, tirallala,
rutsch mir den Buckel runter, du olle Flunder!«

3. Da stieß die Flunder auf den Grund,
zwo, drei, vier, ss-ta-ta, tirallala,
wo sie 'nen goldnen Rubel fund,
zwo, drei, vier, ss-ta-ta, tirallala.
Ein Goldstück von zehn Rubel, o welch ein Jubel.

4. Da war die olle Schrulle reich,
zwo, drei, vier, ss-ta-ta, tirallala,
da nahm der Harung sie sogleich.
Zwo, drei, vier, ss-ta-ta, tirallala.
Denn so ein oller Harung, der hat Erfahrung.

Märchenwald

Hänsel und Gretel

Hänsel und Gretel

Text und Melodie: Volkslied aus dem 19. Jh.

1. Hän - sel und Gre - tel ver - irr - ten sich im Wald.

Es war so fins - ter und auch so bit - ter - kalt. Sie

ka - men an ein Häus - chen von Pfef - fer - ku - chen fein.

Wer mag der Herr wohl von die - sem Häus - chen sein?

1. Hänsel und Gretel verliefen sich im Wald.
Es war so finster und auch so bitterkalt.
Sie kamen an ein Häuschen von Pfefferkuchen fein.
Wer mag der Herr wohl von diesem Häuschen sein?

2. Hu, hu, da schaut eine alte Hexe raus!
Sie lockt die Kinder ins Pfefferkuchenhaus.
Sie stellte sich gar freundlich: O Hänsel, welche Not!
Sie will dich braten im Ofen braun wie Brot.

3. Doch als die Hexe zum Ofen schaut hinein,
ward sie gestoßen von unserm Gretelein.
Die Hexe musste braten, die Kinder geh'n nach Haus.
Nun ist das Märchen von Hans und Gretel aus.

Die Vogelhochzeit

Die Vogelhochzeit

Text und Melodie: Volkslied aus Schlesien

G   D⁷   G

1. Ein Vo - gel woll - te Hoch - zeit ma - chen in dem grü - nen

D   G   D   G   D⁷   G

Wal - de. Fi - di - ral - la - la, fi - di - ral - la - la, fi - di - ral - la - la - la - la!

1. Ein Vogel wollte Hochzeit machen
in dem grünen Walde.
Fidirallala, fidirallala, fidirallalalala.

2. Die Drossel war der Bräutigam,
die Amsel war die Braute.
Fidirallala, fidirallala, fidirallalalala.

3. Der Sperber, der Sperber,
der war der Hochzeitswerber.
Fidirallala, fidirallala, fidirallalalala.

4. Der Stare, der Stare,
der flocht der Braut die Haare.
Fidirallala, fidirallala, fidirallalalala.

5. Die Lerche, die Lerche,
die führt die Braut zur Kerche.
Fidirallala, fidirallala, fidirallalalala.

6. Der Auerhahn, der Auerhahn,
der war der stolze Herr Kaplan.
Fidirallala, fidirallala, fidirallalalala.

7. Der grüne Specht, der grüne Specht,
der war des Küchenmeisters Knecht.
Fidirallala, fidirallala, fidirallalalala.

8. Der Kuckuck kocht' das Hochzeitsmahl,
fraß selbst die besten Brocken all.
Fidirallala, fidirallala, fidirallalalala.

9. Der Storch mit seinem Schnabel,
der brachte Messer und Gabel.
Fidirallala, fidirallala, fidirallalalala.

10. Der Wiedehopf, der Wiedehopf,
der bringt der Braut 'nen Blumentopf.
Fidirallala, fidirallala, fidirallalalala.

11. Die Gänse und die Anten
die war'n die Musikanten.
Fidirallala, fidirallala, fidirallalalala.

12. Frau Nachtigall, Frau Nachtigall,
die sang mit ihrem schönsten Schall.
Fidirallala, fidirallala, fidirallalalala.

13. Der Pfau mit seinem bunten Schwanz
tat mit der Braut den ersten Tanz.
Fidirallala, fidirallala, fidirallalalala.

14. Brautmutter war die Eule,
nahm Abschied mit Geheule.
Fidirallala, fidirallala, fidirallalalala.

15. Der Hahn, der krähet „Gute Nacht!"
Jetzt wird die Kammer zugemacht.
Fidirallala, fidirallala, fidirallalalala.

16. Nun ist die Vogelhochzeit aus,
und alle ziehn vergnügt nach Haus.
Fidirallala, fidirallala, fidirallalalala.

Wenn der Topf aber nun ein Loch hat.

Wenn der Topf aber nun ein Loch hat

Text und Melodie: Volkslied

C   F   C   G⁷

1. Wenn der Topf a - ber nun ein Loch hat, lie - ber Hein - rich, lie - ber

C   C   F   C   F   G⁷ C

Hein - rich? Stopf es zu, lie - be, lie-be Lie - se, lie-be Lie - se, stopf's zu!

1. Wenn der Topf aber nun ein Loch hat,
lieber Heinrich, lieber Heinrich?
Stopf es zu, liebe, liebe Liese,
liebe Liese, stopf's zu!

2. Womit soll ich's aber zustopfen,
lieber Heinrich, lieber Heinrich?
Nimm Stroh, liebe, liebe Liese,
liebe Liese, nimm Stroh!

3. Wenn das Stroh aber nun zu lang ist,
lieber Heinrich, lieber Heinrich?
Hau es ab, liebe, liebe Liese,
liebe Liese, hau es ab!

4. Womit soll ich's aber abhau'n,
lieber Heinrich, lieber Heinrich?
Mit dem Beil, liebe, liebe Liese,
liebe Liese, mit dem Beil!

5. Wenn das Beil aber nun zu stumpf ist,
lieber Heinrich, lieber Heinrich?
Mach es scharf, liebe, liebe Liese,
liebe Liese, mach es scharf!

6. Womit soll ich's aber scharf mach'n,
lieber Heinrich, lieber Heinrich?
Mit 'nem Stein, liebe, liebe Liese,
liebe Liese, mit 'nem Stein!

7. Wenn der Stein aber nun zu trocken ist,
lieber Heinrich, lieber Heinrich?
Mach ihn nass, liebe, liebe Liese,
liebe Liese, mach ihn nass!

8. Womit soll ich'n aber nass machen,
lieber Heinrich, lieber Heinrich?
Mit Wasser, liebe, liebe Liese,
liebe Liese, mit Wasser!

9. Womit soll ich denn das Wasser hol'n,
lieber Heinrich, lieber Heinrich?
Mit dem Topf, liebe, liebe Liese,
liebe Liese, mit dem Topf!

10. Wenn der Topf aber nun ein Loch hat,
lieber Heinrich, lieber Heinrich?
Lass es sein, dumme, dumme Liese,
dumme Liese, lass es sein!